BAD SODEN
TOR ZUM TAUNUS

Mit Fotos und Texten
von Brigitte Kramer

Herausgegeben von der Bücherstube Bärbel Lemke

Sodener Eindrücke

Durch die Gäßchen der Altstadt schlendern. Das Märchenschloß von Friedensreich Hundertwasser am Quellenpark begutachten. Einige Schritte weiter im Wilhelmspark einen Schluck aus dem Champagnerbrunnen probieren. In den Geschäften in der Allee- oder Brunnenstraße, am Adlerplatz oder den City-Arkaden stöbern. Im Alten Kurpark mit Blick auf die 150 Jahre alte Blutbuche im ehemaligen Badehaus einen Kaffee schlürfen und anschließend im Medico Palais die neuesten Wellness-Angebote überfliegen. Denn morgen ist in Soden ja auch noch ein Tag.

Eine junge Stadt ...

Stolz trägt die Kurstadt am Fuße des Taunus einen golden beringten Reichsapfel in ihrem Wappen und wirbt mit ihrer Quelle der Gesundheit: Sodens Stadtgeschichte ist relativ jung. Gerade mal vom 27. Juni 1947 stammt die Urkunde, mit der die Hessische Landesregierung das Heilbad am Taunus mit den Stadtrechten gekürt hat. Das Attribut „Bad" hingegen durfte die Gemeinde bereits seit dem 29. April 1922 tragen. Als die Kurstadt im Zuge der Gebietsreform Anfang 1977 ihre Grenzen ausweitete, kamen die eigenständigen Gemeinden Altenhain und Neuenhain als Ortsteile hinzu. Damit war aber auch verbunden, daß fortan 5.935 Neuenhainer und 1.534 Altenhainer den 10.346 Sodenern mit auf die Finger schauten. Und daß die Neuenhainer „Geleriewen" und die „Wuzzercher" aus Altenhain nicht alles für gut befanden, was die Kurstädter „da unne" in die Hand nahmen, das wird heute noch deutlich. Spätestens dann, wenn „Knodder Karl" und „Protokoller" während der Faschingszeit ihre Zungen wetzen. Heute leben auf Sodener Gemarkung, die zu einem Drittel aus Wald und Grünflächen besteht, mehr als 20.000 Menschen, sie tragen 90 verschiedene Nationalitäten. Und da die Sodener schon immer über ihren Tellerrand hinausgeschaut haben, knüpften sie vor mehr als 20 Jahren freundschaftliche Bande: zunächst zu Rueil Malmaison, später zu Kitzbühel, Franzensbad und dem japanischen Yoro-Cho.

... mit alter Geschichte

Natürlich hat der rote Reichsapfel auf blauem Grund seine tiefere Bedeutung: Schließlich konnte sich Soden bis 1803 als freies Reichsdorf behaupten. Im Zuge des Reichsdeputationshauptschlusses wurde es dem Fürstentum Nassau-Usingen zugeschlagen, das 1806 im Herzogtum Nassau aufging. Sechzig Jahre später wurde Nassau und damit Soden nach dem verlorenen Krieg an der Seite Österreichs ein Teil des preußischen Staates. Die eigentlichen Wurzeln Sodens und Neuenhains können bis ins Jahr 1191 nachgewiesen werden. In einer Urkunde des Erzbischofs von Mainz werden beide Dörfer genannt. Wenige Jahre später, nämlich 1232, taucht Altenhain erstmalig in den Lehensverzeichnissen der Herren von Eppstein auf. Eine Ansiedlung dürfte es auf diesem Gebiet auch 1191 schon gegeben haben. Von Krieg und Zerstörung, Wiederaufbau und mehrfachem Konfessionswechsel ist die Geschichte der drei Dörfer fortan geprägt.

Das Salz und seine Quellen

Als Kaiser Sigismund den Frankfurtern im Jahre 1437 die Sodener Salzquellen überläßt, formiert sich hier ein wichtiger Wirtschaftszweig. Rentabel arbeiten allerdings erst die Gebrüder Geiß aus Kassel, denen 1605 von der Stadt Frankfurt gestattet wird, in Soden eine Saline zu errichten. Nachdem Siedhaus und Gradierwerk mehrfach den Besitzer gewechselt hatten, wird die Salzgewinnung in Soden schließlich 1812 eingestellt. In der Zwischenzeit hatte sich der Kurbetrieb entwickelt. Eine 300 Jahre alte Quelle (Milchbrunnen), die wohl im Dreißigjährigen Krieg abgedeckt worden war, hatte man um 1700 wiederentdeckt.

Wußten die Römer schon ...

Wann das erste Mal in den Sodener Thermalquellen gebadet wurde, darüber streiten sich die Chronisten. War es der kranke alemannische König Markian um 370 n.Chr. oder hatten bereits die Römer zur Zeit des Kaisers Trajan (98–117 n.Chr.) das salzhaltige Heilwasser für ihr Wohlbefinden entdeckt? Genährt werden diese Spekulationen durch römische Münzen, die seinerzeit beim Bau der Königsteiner Straße und 1986 bei Grabungen am ehemaligen Parkhotel gefunden wurden. Auch römische Scherben, die beim Aufgraben einer Quelle neben dem ehemaligen Badehaus ans Tageslicht kamen, lassen Vermutungen über frühzeitliche Siedlungen hier zu. Urkundliche Nachweise für eine römische Vergangenheit der Quellen gibt es allerdings keine.

... wofür die Heilwässer gut sind ?

Darüber existiert ein Taschenbüchlein, bescheidene neun mal dreizehn Zentimeter groß, mit dem der Frankfurter Arzt Johann Bernhard Gladbach im Jahre 1701 die Weichen für fast 300 Jahre Sodener Kurgeschichte stellte. Seine „Neue Untersuchung des Soder-Warmen Gesund-Brunnens" gab ausführlich Auskunft über die Heilwirkung des Milchbrunnens (Quelle I) und wurde somit zur Geburtsurkunde des Badeortes am Fuße des Taunus. Von Blähungen und Gebärmutterkrankheit, von Bleichsucht und Melancholie, so schrieb Gladbach, sollte das Sodener Heilwasser die Betroffenen erlösen. Dabei berief sich der Frankfurter Arzt auf den Physikus primarius Dr. Johann

Hartmann Senckenberg, Vater des berühmten Mediziners Johann Christian Senckenberg, dem das heutige Forschungsinstitut und Naturmuseum in Frankfurt seine Existenz verdankt.

Wo sie herkommen?

Aus den Querspalten und Rissen des unterirdischen Gesteines am Südosthang des Taunusgebirges treten die rund 30 Mineralquellen aus, die Sodens Ruf als Kurstadt begründet haben. Reich an Salzen und Kohlensäure treten die Quellen zutage oder fließen artesisch über, wie der Neue Sprudel im Alten Kurpark, der dabei eine Temperatur von 31 Grad aufweist. Dreizehn Heilwässer können heute nach der Definition des Deutschen Bäderverbandes in Bad Soden therapeutisch genutzt werden. Inhalationen bei Atemwegserkrankungen und Badekuren bei Verschleiß an Gelenken, Muskeln und Nerven sind Heilmethoden, die bereits im letzten Jahrhundert die Kurgäste von weit her nach Soden führten.

Illustre Kurgäste

Aus dem russischen Petersburg reiste Leo Tolstoi 1860 nach Soden, um seinen schwerkranken Bruder Nikolai hier zu besuchen. Mit der Romangestalt Kitty in seinem Werk „Anna Karenina" gibt er einen Eindruck, wie heilsam das Sodener Badeleben sein kann. Auch sein schreibender Kollege Iwan Turgenjew hält die Sodener Eindrücke in seinem Roman „Frühlingsfluten" fest. Ebenso treffen hier deutsche Musiker und Schriftsteller aufeinander: Hoffmann von Fallersleben und Theodor Fontane, Giacomo Meyerbeer und Felix Mendelssohn-Bartholdy. Letzterer hat in Soden nicht nur Teile seines „Elias" komponiert, sondern war in der Umgebung auch viel mit dem Skizzenblock unterwegs. Zu den regelmäßigen Sommergästen aus Frankfurt zählte der Mundartdichter Friedrich Stoltze, und zur Kur hielt sich der Journalist und Schriftsteller Ludwig Börne hier auf. Nach elfjähriger Verbannung in Zürich und Paris verbrachte Richard Wagner die ersten beiden Nächte auf deutschem Boden in Soden. Der Komponist von Lohengrin und Revolutionär des Dresdner Maiaufstandes von 1849 war im Sommer 1860 gekommen, um sich hier von seiner Frau Minna zu trennen, die mit einer Freundin zur Kur weilte.

Eine Infrastruktur schaffen

Nicht mehr als 30 Kurgäste waren es, die zu Beginn des 18. Jahrhunderts den Weg nach Soden fanden. Gut betuchte Frankfurter zumeist. Der spätere „Frankfurter Hof", das erste Kur- und Badehaus, wurde 1722 vom Verwalter der Saline errichtet. Mit Riesenschritten ging es erst im 19. Jahrhundert voran, als 1822 erste Teile des Alten Kurparks angelegt wurden. Fünf Jahre vorher hatte der Bau der Landstraße von Höchst nach Königstein dem Dorf Soden den nötigen Impuls gegeben. Die verkehrsmäßige Anbindung an Frankfurt erfolgte 1847 mit der Eröffnung der Eisenbahnstrecke nach Höchst. Zwei Jahre später wurde an der Königsteiner Straße das neue Kurhaus „in gefälligem Schweizerstyle" eingeweiht.

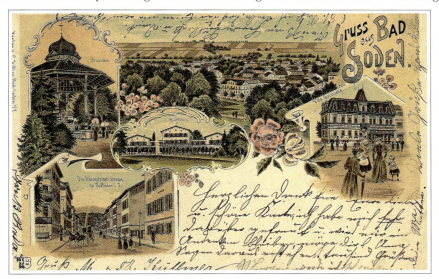

Gruß aus Bad Soden vor genau 100 Jahren

Soden heute

Wer im Rhein-Main-Gebiet und darüber hinaus etwas für seine Gesundheit tun möchte, dem sollte automatisch Bad Soden einfallen: Eine Philosophie, die ganz nach dem Geschmack der Sodener Stadtväter ist und die hier nach dem Zeitalter der traditionellen Kur verwirklicht werden soll. Die Voraussetzungen dafür könnten besser nicht sein: Das milde Klima an den Südausläufern des Taunus. Die gepflegten Kurparks im Zentrum der Stadt, dazu alte Kurvillen, moderne Geschäfte, Hotels und Feinschmecker-Restaurants sowie ein kulturelles Angebot, das Sommer wie Winter für Leben sorgt. Und trotz neuer Wohngebiete hat sich das traditionelle dörfliche Leben in den Stadtteilen erhalten: Der Schafscherer kommt alle Jahre nach Altenhain, die Äpfel für das berühmte „Stöffche" reifen immer noch auf den Neuenhainer Streuobstwiesen. Zahlreiche Gründe, die seinerzeit schon den Reichskanzler, Graf Otto von Bismarck, nach Neuenhain führten und derentwegen Soden heute Heimstatt für eine anspruchsvolle Klientel geworden ist.

Golden färben sich im Herbst die Blätter des Ginkgobaumes (Gingko biloba), der auch schon Wolfgang von Goethe inspirierte und hier im Alten Kurpark in mehreren Exemplaren zu finden ist. >

Die Sodener sind stolz auf ihren Alten Kurpark. Er ist das Herzstück der Stadt mit seinen exotischen Gehölzen und dem restaurierten ehemaligen Badehaus. Auf dem „Altwerk" der Saline entstanden 1823 die Anfänge der heutigen Parkanlage. „Eine sumpfige Schafweide verwandelte sich in einen kleinen gefälligen Park", schreibt Kurarzt Heinrich Köhler 1868. Nachdem das Badehaus im Jahre 1871 eröffnet wurde, sollte auch die Parkanlage verschönert werden. Der Frankfurter Stadtgärtner Andreas Weber nahm die Umgestaltung in die Hand und schuf eine einheitliche Parkfläche, die durch Spazierwege unterbrochen wird. Der prachtvolle Baumbestand stammt aus dem gleichen Jahr: Als Dank dafür, daß er nach einer Kur geheilt nach Hause fuhr, hatte Großherzog Friedrich von Baden die Gemeinde Soden großzügig mit seltenen Bäumen und Ziersträuchern beschenkt.

Gut 120 Jahre hat das Badehaus in Sodens Kurleben eine wichtige Rolle gespielt. Heute hat sich das langgestreckte Gebäude inmitten des Parks in ein Kulturzentrum verwandelt. Bibliothek, Stadtmuseum und Archiv haben ihren Platz dort gefunden. Die Sodener Kunstwerkstatt mit Ausstellungs- und Arbeitsräumen hat hier ihr Zuhause. Und wer bei einer Tasse Kaffee entspannen und die Aussicht auf Platanen und Mammutbäume genießen möchte, ist im „Café im Kurpark" willkommen. Zudem finden Besucher und Kurgäste hier ihren Ansprechpartner: Die Kurverwaltung hebt sich in dem rechten Gebäudeflügel deutlich durch die rote Farbgebung ab.

Spielende Kinder und Kunst im Park: Beide haben hier ihren Platz. Besonders im Sommer, wenn die großzügigen Rasenflächen des Kurparks die Menschen zur Erholung einladen.

Gastlichkeit wird in der Kurstadt groß geschrieben: Im Parkhotel am Rande des Landschaftsgartens findet der Geschäftsbesucher modernen Komfort und der Kurgast Ruhe und Erholung. Der Sigrid-Pless-Brunnen vor dem Haus erzählt dazu noch ein Stück Sodener Geschichte. So holten doch im Jahre 1878 die Hotelbesitzer ihre Kurgäste mit dem Maulesel vom Bahnhof ab.

Geprägt durch jahrhundertealte Geschichte und aufgeschlossen für moderne Architektur: Auch das zeichnet die Menschen in der Kurstadt aus. Wie eine Märchenburg überragt das Werk des Wiener Künstlers Friedensreich Hundertwasser die Sodener Altstadt. Mit seinen fröhlichen Farbtupfern setzt es lebhafte Akzente.

Wie ein Grüngürtel durchziehen die Parks die Sodener Innenstadt und laden mit ihren verschlungenen Wegen zum Verweilen ein. Ein Geschenk ist dann eine Bank in der Herbstsonne wie hier im „Quellenpark", der um 1856 entstand. Er avancierte zum „Trinkpark", als der Kurarzt Heinrich Köhler 1883 hier eine hölzerne Wandelhalle, die sogenannte Trinkhalle, errichten ließ. >

Eingebettet am Fuße des Taunus: Das Bauerndorf „Nuwenhagen" wurde 1977 ein Stadtteil Bad Sodens. So ganz leicht ist den Neuenhainern die Eingemeindung nicht gefallen, denn sie sind zu Recht stolz auf ihre mehr als 800 Jahre alte Geschichte. Bereits 1191 werden sie in einem Schutzbrief des Mainzer Erzbischofs zum Gutsbesitz des Klosters Retters gezählt. Von Landwirtschaft und Weinbau lebten die Vorfahren der Neuenhainer.

Schmuckes Fachwerkhaus: Um 1700 erbaut, war das alte Schäferhaus mehr als 100 Jahre lang Wohnung des Kuh- und Schweinehirten. Im Jahre 1980 wurde es vorbildlich saniert und ist heute in Privatbesitz.

Die Apotheke schmückt sich mit dem Wahrzeichen des Stadtteils – den drei Linden.

Was wäre „der Batz" ohne seine Kastanie: Sie ist ein Schmuckstück, wenn sie in der Blüte steht und spendet den Äppelwoi-Genießern Schatten, wenn die Sonne brennt.

Lebendiger Mittelpunkt der evangelischen Gemeinde und Wohnhaus des Pfarrers in Neuenhain: Der „Herrnbau" wurde 1591 erbaut und diente als Amtshof unter Pfalzgraf und Herzog Johann Kasimir von Pfalz-Neustadt. Seit 1795 wird der Winkelbau als evangelisches Pfarrhaus genutzt. >

Eingerahmt von blühenden Apfelbäumen: die katholische Pfarrkirche St. Maria in Neuenhain. Sie wurde 1911 in heimischem Naturstein erbaut.

Die Kurstadt und ihre Umgebung bieten ideale Voraussetzungen für ältere Menschen, so hat sich vor 25 Jahren in Neuenhain das „Wohnstift Augustinum" angesiedelt.
Die rund 400 Bewohner können den Blick über die Kronberger Burg bis zum Altkönig genießen.

Mit seinen Rundbögen und verspielten gußeisernen Balkonen ist das Gebäude typisch für die Architektur der Gründerzeit: Im Hotel „Rheinischer Hof" können die Besucher gleich am Bahnhof Sodener Gastlichkeit genießen.

In die Main-Metropole ist es nur ein Katzensprung. Gerade einmal zwanzig Minuten braucht die S-Bahn vom Sodener zum Frankfurter Hauptbahnhof. Dabei waren die Kurstädter schon Vorreiter. Die Bad Sodener Eisenbahn ist die älteste der drei Stichbahnen rund um Frankfurt. Am 22. Mai 1847 wurden die ersten Fahrgäste befördert. Auch ein Empfangsgebäude mit Kassiererwohnung wurde damals schon gebaut.

Das heutige Medico Palais mit seiner Jugendstilfassade wurde 1912 von Sodener Badeärzten als erstes und größtes Inhalatorium Europas erbaut. Von Grund auf renoviert, wird das Gebäude seit 1993 als Kurmittelhaus genutzt. Um einen lichtdurchfluteten Innenhof hat sich eine Vielzahl medizinischer Abteilungen angesiedelt. Angefangen bei Inhalationen, der berühmten Foto-Sole-Therapie, bis hin zu kosmetischen und Wellness-Angeboten sowie einem dermatologischen Laserzentrum findet der Besucher hier ein breites Behandlungsspektrum.

Der Bildhauer und Beuys-Schüler Bonifatius Stirnberg hat den Kurgastbrunnen am Platz Rueil-Malmaison gestaltet.

Die heutigen Besucher kommen mit dem Fahrrad und verschnaufen am „Neuen Sprudel". Aus 375 Meter Tiefe kommt das salzhaltige Quellwasser hier im Alten Kurpark an die Oberfläche. Mit seinen fast 31 Grad wird es ins Medico Palais und die Sodenia-Therme gepumpt. Dort wird es für Inhalationen, Bäder und für das Hallenbad genutzt. >

So kurten die Gäste von einst: alte Holzbadewannen im Stadtmuseum.

Im Sommer spielt sich Sodens Leben auf der Straße ab: Beim Jazz-Frühschoppen in der Altstadt, beim Ständchen der Sängervereinigung oder den alljährlichen Treffen der Spielmannszüge im Alten Kurpark. Zudem werden Traditionen gepflegt. Dafür sorgen die Kerbeborschen in Neuenhain und Altenhain.

Sanft vor den Erhebungen des Taunus mit Blick auf den Feldberg liegt Altenhain, ebenfalls seit 1977 ein Teil Sodens. Als „Aldenhagen" taucht es 1282 im Lehensverzeichnis Gottfried III. von Eppstein auf, trotzdem wird vermutet, daß es bereits 1232 existiert hat. Von Ackerbau, Obst und Viehzucht ernährten sich die Altenhainer – 325 Seelen damals – in Nassauer Zeit. Auch heute noch, obwohl die Bevölkerung um ein vielfaches gewachsen ist, hat sich der Ort seinen bäuerlichen Charme bewahrt.
Die grasenden Schafe auf den Streuobstwiesen gehören dazu, und wer Glück hat, kann noch miterleben, wie die Wolltiere im Mai nach alter Tradition geschoren werden.

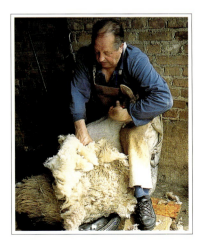

Wer mit offenen Augen durch Soden und seine Stadtteile läuft, stößt allerorten auf liebevoll restaurierte Fachwerkhäuser. Dabei darf der „Bembel" an der Altenhainer Dorfschänke nicht fehlen.

Für Sodens Gäste – hochherrschaftliche Häuser aus zwei Jahrhunderten: Die spätklassizistischen Villen mit ihren gußeisernen Balkonen sind typisch für die Bauweise Mitte des 19. Jahrhunderts. In der „Villa Nassovia" (Mitte), die mit ihrer Eleganz und Leichtigkeit an die Palazzi im sonnigen Süden erinnert, residierte Felix Mendelssohn-Bartholdy 1844 und 1845 mit seiner Familie.

Mit ihren Dachtürmchen, Rundbögen und den geschnitzten Holzbalkonen sind die Kurvillen entlang der Kronberger Straße noch heute eine Augenweide. Das Haus „Siesta" wurde im Jahr 1905 von dem Architekten Jean Männche erbaut, der in Soden für seine phantasievollen Häuserfassaden bekannt war (rechts außen).

Die Mineralsalz-Quellen und ihre Brunnen haben Soden als Heilbad berühmt gemacht: Markant ist das Standbild der „Sodenia", Hüterin einer der ältesten Quellen der Stadt, das 1886 mit einem hölzernen Pavillon gekrönt wurde. Der Sauerbrunnen, auf einer Quelle von 1703, wurde 1995 aus Sandstein gemauert.

Die mineralhaltigen Quellwasser von Warm- und Milchbrunnen sowie Justus-von-Liebig-Brunnen können aus einem einzigen Brunnensockel am Franzensbader Platz geschöpft werden. >

Die katholische Kirche St. Katharina am Rande des Neuen Kurparks wurde von einem Sodener Bürger gestiftet.
Der Hersteller der weltbekannten Spalt-Tabletten und der Sodener Pastillen, Geheimrat Max Baginski, stellte die finanziellen Mittel bereit.
Im September 1957 wurde das Gotteshaus eingeweiht.

Zwei Konfessionen unter einem Kirchturm: Neun Jahre lang, von 1762 bis 1771, wurde an der jetzigen evangelischen Pfarrkirche in Neuenhain gebaut. Sie entstand auf dem Gelände der alten Kapelle von 1290. Bis 1912 wurde das Gotteshaus als Simultankirche von den katholischen und evangelischen Dorfbewohnern gleichermaßen genutzt.

Die handgeschmiedete Barockpforte lenkt den Blick auf das ehemalige katholische Pfarrhaus von 1754, heute in Privatbesitz.

Die evangelische Kirche am Quellenpark wurde 1715 erbaut. Schon 1483 war auf dem Boden der Grafen zu Solms-Rödelheim eine Kirche errichtet worden. Die Sakristei aus dem Jahre 1510 ist der älteste Teil der Kirche, der Glockenturm wurde 1878 angebaut. Bei Renovierungsarbeiten im Jahre 1996 wurden Gemälde von Aposteln und Propheten auf der Empore freigelegt, die aus der Barockzeit um 1720 stammen. Auch die Kanzel wurde nach alten Vorlagen wieder in der ursprünglichen Bemalung restauriert.

Die repräsentative Jugendstilvilla am Alten Kurpark wurde 1904 von dem Frankfurter Arzt David Rothschild errichtet. Ihm lag die Bekämpfung der Tuberkulose am Herzen. Heute hat sich in dem Gebäude an der Königsteiner Straße ein Akupunktur-Zentrum für Traditionelle Chinesische Medizin niedergelassen.

Ein Schlößchen als Sommersitz: Die Kur in Soden bekam ihr so gut, daß sich Herzogin Pauline von Nassau 1847 hier im Alten Kurpark das nach ihr benannte Paulinen-Schlößchen mit seiner hölzernen Veranda bauen ließ. Heute sind in dem zweigeschossigen Gebäude Teile der Stadtverwaltung untergebracht.

Romantisch im Kurpark gelegen: Das heutige Standesamt wurde vor dem ersten Weltkrieg als Nebengebäude der benachbarten Villa Rothschild erbaut. Der Frankfurter Arzt David Rothschild nutzte es für Röntgenaufnahmen und Lichtkuren.

Bummeln in Sodens Innenstadt bereitet Vergnügen: Ob in den modernen City-Arkaden an der Königsteiner Straße, den Geschäften an der Alleestraße oder den kleinen Boutiquen in der Brunnen- und Adlerstraße – für jeden Geschmack und jeden Geldbeutel ist etwas dabei.

Sie ist ein beliebtes Ausflugsziel – die „Rote Mühle" im Beidenauer Grund. Und das nicht nur für Menschen aus dem Taunus und dem Hochtaunus, auch aus der Mainmetropole kommen die Besucher ins idyllische Wiesental des Liederbaches. Obwohl die Hornauer zur alten Mühle den kürzesten Weg haben, gehört der heutige Landgasthof zum Sodener Stadtteil Altenhain. Schon 1456 wird das Anwesen urkundlich erwähnt, als der Hornauer Bauer Jungehenne (Hans Jung) einen Pachtvertrag über den Beidenauer Hof mit dem Kloster Retters abschließt. Die Rote Mühle selbst wurde 1618 von zwei Frankfurter Handelsleuten, den Brüdern Kaspar und Hans Geiß erbaut. Sie hatten vom Kurfürsten Friedrich V. von der Pfalz im ersten Jahr des Dreißigjährigen Krieges zwei und ein Achtel Morgen Feld und Wiese erworben. In den folgenden Jahren ist die Geschichte der Mühle geprägt von Auf- und Niedergang und häufigem Besitzerwechsel. Daß sich aber bereits 1813 die „Wandernden mit ländlicher Kost im gesonderten Thal von grünenden Hügeln umschützet gern laben" geht aus einem Gedicht des Frankfurters Johann Isaak von Gerning hervor, der sich über mehrere Jahre sein Sommerdomizil in Soden eingerichtet hatte. Auch von einer „Parthie zum Frühstück auf die rothe Mühle ..., und von da zum Mittagessen nach Königstein" berichtet Maria Belli-Gontard im Juli 1818.

WASSERTURM

ERBAUT 1911 DURCH ARTHUR MOLL ZUR VERSORGUNG SEINER NELKEN-GÄRTNEREI. 1924 ÜBERNOMMEN VON DER GROSSGÄRTNEREI SINAI. NACH AUFGABE DER GÄRTNEREI AB 1987 IM BESITZ DER HOECHST AG. SEIT 1988 STEHT DER WASSERTURM UNTER DENK-MALSCHUTZ. ER WURDE 1993 FÜR DEN SYMBOLISCHEN BETRAG VON EINER MARK VON DER STADT BAD SODEN A.TS. ER-WORBEN UND 1995 AN DEN NABU -NATURSCHUTZBUND DEUTSCHLAND, ORTSVERBAND BAD SODEN-VERPACHTET. DER NABU HAT DEN TURM IN DEN JAHREN 1996 UND 1997 MIT HILFE VON SPON-SOREN, BÜRGERSPENDEN UND EINES ZU-SCHUSSES DES MAIN-TAUNUS-KREISES ZUR ÖKOLOGISCHEN NUTZUNG RESTAURIERT.

GESTIFTET VON "WIR FÜR BAD SODEN"

Fast 100 Jahre Zeitunterschied treffen an Sodens Ortseingang aufeinander: Die moderne Wohnbebauung „Am Carlusbaum" und der ehemalige Wasserturm der Gärtnerei Sinai, der von den hiesigen Naturschützern als Refugium für die Vogelwelt hergerichtet wurde. Einmal im Monat öffnet er für jedermann seine Tore, und der Aufstieg über die mehr als 60 Eisenstiegen lohnt sich: Der Blick über die Rhein-Main-Ebene und den Taunus ist ein Gedicht.

Aussicht vom Wasserturm auf das nahe Frankfurt.

Page 4/5 The old spa park was laid on the former salt-works. Following the opening of the bath house in 1871, it was redesigned and exotic trees were planted. They were a present from the Grand Duke Friedrich of Baden. / In autumn, the leaves of the Ginkgo tree turn gold in colour.

Page 6/7 The old spa park in summer: children playing and art in the park./ The Park Hotel on the edge of the park with the Sigrid-Pless fountain and legendary "donkey-taxi" circa 1878.

Page 8/9 Modern architecture in the old part of Soden: the Viennese artist Friedrich Hundertwasser's fairytale castle sets a lively tone.

Page 10/11 Neuenhain at the foot of the Taunus: the farming village "Nuwenhagen" became a part of Soder in 1977. It was first mentioned in a document in 1191 as belonging to the estate of Retters monastery. / Historically significant timbered building on Neuenhain's main road.

Page 12/13 The chestnut tree in front of the "Batz" – a glorious sight, which casts a shadow in summer. / The "Herrnbau" was built in 1591. Today, the evangelical community centre, formerly the administrative court under the Duchy of Palatinate and Duke Johann Kasimir of Pfalz-Neustadt stands here.

Page 14/15 View of the catholic church St. Maria in Neuenhain. / From the "Augustinum" residence, you have a clear view of the Kronberg castle and the Altkönig.

Page 16/17 The Hotel "Rheinischer Hof", situated right next to the station was one of the original buildings generated by the first settlers. / The journey from the Soden train station to Frankfurt's main station only takes 20 minutes by S-Bahn.

Page 18/19 The Medico Palais which you see today was built in 1912 by Soden's spa doctors as the first and largest vapourium in Europe. Since it's renovation in 1993, it has been used as a spa and offers a wide range of therapies.

Page 20/21 The spa-visitor's fountain came from Bonifatius Stirnberg, one of artist Joseph Beuys' students.
From days gone by: old wooden bathtubs in the town museum. / Summer visitors rest at the new fountain in the old spa park.

Page 22/23 The Sodeners know how to celebrate: whether it be at the early morning Jazz sessions or at the fairground.

Page 24/25 Rustic life in "Altenhain" With a view of the Feldberg, "Aldenhagen" was probably established in 1232, it is first mentioned in Eppstein's registers in 1282. During the Nassau period, Altenhain's residents provided for themselves with fruit, timber and animal breeding. / The grazing sheep and the traditional sheepshearers belong to the present picture of the town.

Page 26/27 Timbered houses, lovingly restored can be found in all parts of Soden.

Page 28/29 The late classical villas from the middle of last century mark the blossoming of the Soden spa era.

Page 30/31 The mineralwater sources and fountains have made the spa bath famous.

Page 32/33 The catholic church St Katharina on the edge of the new spa park was sponsored by privy councillor Max Baginski in 1957. / The evangelical church in Neuenhain was completed in 1771 and served as the community church until 1912. Through the handmade wrought iron baroque gates one can see the former catholic vicarage from 1754.

Page 34/35 In 1715, the evangelical church in the Quellenpark was constructed. Back as far as 1483 a religious house was built on the Duke of Solms'Rödelheim's land. During interior renovations in 1966, pictures of apostles and prophets dating from the baroque period (1720) were discovered in the gallery. / The pulpit was also restored according to old plans./ Frankfurt doctor David Rothschild built himself the Art Nouveau villa in the old spa park. Nowadays, it houses an acupuncture centre for traditional Chinese medicine. / The leaves are falling ... A true Autumn feeling at the Crazy Golf on the edge of the old spa park.

Page 36/37 The Paulinen residence in the old spa park from 1847, was used the Duchess Pauline of Nassau as a summer residence. Today, parts of the town's administration are accommodated here. / The registry office was built before the First World War as a doctor's practice by the Frankfurt doctor David Rothschild.

Page 38/39 Shopping in Soden is very pleasurable – something to suit everyone's taste and wallet!

Page 40/41 Due to its idyllic situation in the meadows of the Liederbach, the "Rote Mühle" enjoys great popularity among hikers and bikers from the Taunus and High Taunus region, but also the city-dwellers from Frankfurt like to conclude their country outings here. It was built as a manufacturing mill in 1618 by two merchants from Frankfurt, the brothers Kaspar and Hans Geiß. But it was already in 1813, that visitors of the near by spa of Soden came here to comfort themselves with "rustic cooking", as it reported by Johann Isaak von Gerning from Frankfurt in one of this poems.

Page 42/43 The Watertower dating from the beginning of this century is used today by conservationists as a refuge for birds. The residential area "Carlusbaum" was completed in the nineties.

Page 44/45 View from Water tower of the near Frankfurt.

Page 4/5 Le vieux parc de stations thermales est situé sur les anciens marais salants. Après avoir ouvert la maison de bains en 1817, elle fût redessinée et des arbres exotiques, un cadeau du Grand Duc Friedrich de Baden, fusent plantés. / En automne, les feuilles de l'arbre nommé ginkgo deviennent couleur or.

Page 6/7 Le vieux parc en été: des enfants y jouent et on y trouve des objets de 'art. / L'hôtel Parkhotel situé au bord du parc avec la fontaine »Sigrid-Pless« et le légendaire »Taxi d'ânes«, aux environs de 1878.

Page 8/9 Architecture moderne dans la cité de Soden: Le château féerique de l'artiste viennois Friedrich Hundertwasser donne au vieux quartier un accent vivant.

Page 10/11 Neuenhain au pied du Taunus: Le village de fermes »Nuwenhagen« fût rattché à la commune de Soden en 1977. Ce village fût mentionné, pour première fois, dans un document en 1191 comme propriété du monastère de Retters. / Un bâtiment de signification historique, entièrement fait de bois, sur la grande rue de Neuenhain.

Page 12/13 Un image glorieux: Le châtaignier en face du restaurant »Batz« qui jette de l'ombre en été. / Le »Herrnbau«, cour administrative sous la duchesse de Palatine et le Duc Johann Kasimir de Pfalz-Neustadt, et à présent centre paroissiel évangélique de Neuenhain, fût construit en 1591.

Page 14/15 Vue de l'église catholique Sainte Marie à Neuenhain. / De la résidence de retraite»Augustinium«, vous avez une parfaite vue au château de Kronberg et Altkönig.

Page 16/17 L'hôtel »Rheinischer Hof«, situé juste à côté de la station ferroviaire, est un des bâtiments originaux contruits par les premiers colons de Soden. / Le trajet de Soden jusqu'à Francfort dure seulement 20 minutes en train S-bahn.

Page 18/19 Le »Medico Palais«, construit en 1912 par des docteurs des bains de Soden comme la première et plus large maison inhalateur d'Europe, fût restauré en 1993. Il est utilisé actuellement comme centre thérapeutique pour un large nombre de maladies.

Page 20/21 La fontaine »Kurgastbrunnen« fût dessinée par Bonifatius Stirnberg, un des élèves de l'artiste Joseph Beuys. Des jours passés: de vieilles baignoires de bois exposées dans le musée de la ville. / Des visiteurs se reposent devant la nouvelle fontaine du vieux parc en été.

Page 22/23 Les habitants de Soden savent comment célébrer: que cela soit aux sessions de Jazz tôt le matin ou à la foire.

Page 24/25 La vie rustique à Altenhain. Avec une vue magnifique au Feldberg, »Aldenhagen« fût probablement établit en 1232. Il fût mentionné pour la première fois dans les régistres d'Eppstein en 1282. Durant la période de Nassau, les résidents de Altenhain se sont autonomement fournis des produits d'horticulture, de bois et de bétail. / Les moutons sur les prés et les bergers traditionnels appartiennent à l'image de la ville d'aujourd'hui.

Page 26/27 Des chalets en bois, très bien restaurés peuvent être trouvés partout.

Page 28/29 Les villas construites au fin du classicisme dans le dernier siècle portent témoignage de l'ère de prospérité de Soden.

Page 30/31 Les sources ainsi que les fontaines d'eau minérale fondent la bonne réputation des stations thermales de Soden.

Page 32/33 L'église catholique Sainte Katharina au bord du nouveau parc fût sponsorisée par le conseiller privé Max Baginski en 1957. / L'église évangélique de Neuenhain fût terminée en 1771 et servit comme l'église paroissial jusqu'en 1912. A travers les grilles de fer baroques faites à la main, on peut voir l'ancien presbytère catholique de 1754.

Page 34/35 L'église évangélique en face du »Quellenpark« fût construite en 1715. En 1483, une maison régligieuse fût construite sur les terres du Duc de Solms-Rödelheim. Pendant les traveaux de restauration de l'intérieur en 1966, des images d'apôtres et de prophètes datant de la période baroque (1720) furent découvertes sur les murailles de la gallérie. La chaire fût également restaurée en suivant des anciens plans. / Le docteur David Rotschild de Francfort a fait construire la villa familiale dans le vieux parc au style de l'art nouveau. Aujourd'hui, un centre d'accuponture est installé ici. Les feuilles tombent ... Un vrai sentiment d'automne au »Crazy Golf« dans le vieux parc.

Page 36/37 La résidence »Paulinenschlösschen« dans le vieux parc fût utilisée comme résidence d'été par la Duchesse Pauline de Nassau à partir de 1847. Aujourd'hui, des sections de l'administration municipale sont installées ici. / Le bureau de régistration civile fût construit par le Docteur David Rotschild de Francfort avant la première guerre mondiale comme pièce de pratique consultation médicale.

Page 38/39 Le shopping à Soden peut vous donner beaucoup de plaisir; c'est en effet une des choses que convient pour tous les goûts et tous les portefeuilles.

Page 40/41 Pittoresquement situé dans les prés qui bordent la vallée du Liederbach, la »Rote Mühle« jouie d'une énorme popularité non seulement parmi les randonneurs et ciclistes de la région, mais aussi parmi les excursionnistes citoyens de Francfort. En 1618, il fût construit comme moulin manufacturier par deux marchands de Francfort, les frères Kaspar et Hans Geiß. Mais selon Johann Isaak von Gerning de Francfort, des visiteurs de la station thermale de Soden se délecturent ici déjà en 1813 de la »Cuisine rustique«.

Page 42/43 Le château d'eau datant du début du siècle est aujourd'hui utilisé par des protecteurs de l'environnement comme refuge pour oiseaux. L'aire résidentielle »Carlusbaum« fût terminée dans les années 90.

Page 44/45 Vue du château d'eau au près Francfort.

Wir bedanken uns bei allen Beteiligten für die hilfreiche Unterstützung, ohne die der vorliegende Band nicht zustande gekommen wäre.

Einband Vorderseite: Sodenia und Hundertwasser-Haus.
Einband Rückseite: Champagnerbrunnen

© by STADT-BILD-VERLAG LEIPZIG 1999
Alle Rechte beim Verlag.
E-mail: stadtbild@t-online.de
Layout: Renate Ernst, Leipzig
Satz, Lithos, Druck und Binden:
Leipziger Medienservice
Gerichtsweg 28
(Im Grafischen Viertel, Leipzig)
04103 Leipzig
Ruf/Fax: 0341-22 10 229
ISBN 3-931554-81-3